MW01171220

Fernando Zuñiga Fajardo

" *Una Batalla,* *Rival: «Yo»* "

®Asimismoprod.
Aimismoprod14@gmail.com
http://zunigafajardo.blogspot.com
Contacto: +593995790159
Duran-Ecuador

Diseño (portada e interior): ASIMISMOPROD

ISBN-13:
978-1717051219

ISBN-10:
1717051219

(Piedra fundamental del autor, en lo referente a la poética, con el inicia el camino a la poesía, como borrador utiliza un cuaderno viejo en el que comienza a sumarse papeles sucios escritos de versos que erigen esta obra que celebra más de doce años con esta edición independiente) **Datación del Texto 2008-2024**

2024

Dedicatoria

Algunos se acobardan al encontrarse ante un provocación, pues, antes de enfrentarte a otros debes primero contender contigo mismo y a la vez conocer tus debilidades; así cuando afrontes esas situaciones fuera de ti, al menos deberías haberte ganado una batalla; porque sin ningún desafío interno tú nunca podrás triunfar en el exterior y siempre cuando midas a un oponente tienes que haberte medido a ti mismo antes, ten en cuenta lector que la primera batalla deberá ser con tu yo, por eso, esta es una dedicatoria para aquel que siempre este oprimido y no pueda salir de la acongoja. ¡Fortifícate!, pues siempre habrá batallas, y, te confieso que la mía nunca terminó y tú culminarás la tuya.

El autor

Índice

«Lo escrito, es por la imaginación del dolor
y por el destierro, en el cual, el ego se perdió»

Describo sentimientos ajenos y mis rimas...
creo que no tendrán lo eterno.
Como suspirando por el hecho
de querer encargarme de todos ellos
y estar junto a ella, pero, no emerjo.
Luciré hipócrita al tratar de iluminar el recoveco,
siendo así un insano asistemático
que tiene: un cálamo, con la cual: ¡ataqué!,
sin ni un sentido para resaltar la estancia.
Todos escriben con desprovistos colores
pero aún no manejan aquella elegía
que debo entonar allá en los albores...,
Pues no hay quién escoja eso
y he de siempre lucir el entusiasmo.
¡Me atreveré a más logros!
¿Me verán en la gloria?

***

Todas esas sospechas de la vida
no la comprendo todavía.
¿Sería porque aun soy joven?,
sí, por eso, mi tía me niega:
¡Ese vuelo sin estadía!
La sensación de progreso me impulsa
a siempre luchar así no tenga la razón
porque las personas temen la desazón.
Permitirle... ¡No puedo! Casi me ahogo
estar con esas palabras, ¡que están ahí!,
y que nacen de la penumbra.
Puedo permanecer aquí...
y estar cerca de la consciencia.

***

Estaré como estúpido
compitiendo con esas estrellas
mientras el influjo de la luna bella
me demuestra una gloriosa estela
la que no importase estar envuelto.
Lo importante, es usted, el insurgente...,
que reconoce apenas a medias lo que no ve
porque lo tiene la realidad bien ausente.
¿Qué nos debe preocupar?
Si la historia está postulada
ayer se nació y hoy se espera la muerte,
pero lo importante es el presente.
Parece que estaría cantando
lo que ocurrió hace tantos años
a ese corazón que no resistió el daño.

***

Temida luz, no quiero ver su cara,
tampoco quiero esparcirles sus escaras
que las obtuvo por golpearla,
y eso un tanto me ha trastornado
porque morirá a un lazo ensangrentado.
La pobre no ve eso y paré
es de verla en la mañana
donde será comida de repente
y por esa necesidad que le aqueja
será llevada a la suerte.
Ruego, medito y hago que no llegue.
¡Tonta!, no piensa en lo sucedido
solo en el placer que siempre disfruta.
Y es algo que se expresa así en mí

y no tendrá alguna impresión en si
pues su existencia ya la perdió...

***

Paso del blanco a lo oscuro
pues el acoso que se comete... ¡Hierve!,
y la temperatura baja así de repente
esperando la oscuridad para no verle.
Oscuro bienestar para divertirme.
¡Analiza el día!, a fuera todo se pierde;
¡oh!, piensan tragar la nada y quejarse.
¿Oh, quién tendrá las quejas?
O el fuerte armazón que parecía infalible
que se ajustaba a todo lo influyente
para después demostrar ese valor.
Sí, la de afrontar... ¡Y ser el más fuerte!,
para salir del alcoholismo y la soledad...

"MALTRATO Y VIOLENCIA INCOMPARABLES"

Antiguamente la presencia de mi mujer
tuvo una gran reverberación en mí
tanto que la mencionaba
en mi canción y locución.
¡Ahora, se la maldice con enojo y desazón!
Es eso lo que tú y yo con cruel desparpajo
está haciendo en todo momento: castigándola
¡con insultos bien provistos de violencia!
Y vio detenerme con tal inminencia,
cuando sentí su dolor en esa mirada triste
en la cual, su rostro relució, imperdonable.

Ahora, en contubernio con la felicidad etérea
no se alcanza a comprender el daño infringido
que ella sufrió sin sentir la cordura
pues nada perdura en la tortura.

INMUTA DEIDAD

Su presencia era lo que más quería
y tan solo sus ojos vivaz
me mantenía en actitud sagaz
para incentivarme que lo haría
por una vez y así tenerla en mi regazo,
y tan solo con un pedazo de su ternura
expresado a través de su candorosa piel
envuelve con locura por lo inocente
ya que no puedo prescindir esto latente.

"En cuanto a las cosas de que me escribiste,
bueno le sería al hombre no tocar mujer"
1Corintio, 7. 1

Así lo explica el corintio con crueldad
y nadie sabe si esa maldad o salud:
¿se apagará o acabará?

"EL LADRONZUELO"

¡Rapero!
Porqué mi extrañeza me lo pide
y si pudiera definirlo lo compararía
con el tal: ¡des Poeta!
Lamento la falta de cordura de los otros
que desencaja todo lo exuberante
porque infunden en sus canciones... induración.

Voy con la misión de arruinar exhibiciones
¡locura!, ¡vulgaridad! y ¡extrañeza!
Ya que demuestran en cada instante
sus incapacidades intelectuales.
Tengo la cordura, paciencia y astucia,
¡eso represento!, para poder enseñarles
la prudencia, que le servirá de alimento
al cerebelo y los tenga así con recelo.
Solo pido tener calma para curar el alma
y pueda destrozar toda la maldad.
¡Con mi vida lo que se pida!
¡Por más que en la vida nada consiga!
¡Por ahí, hay tanto que ver y hacer!
¿Pero que le acongoja tanto a esos seres?

CUENTO
"MIRADA DE PERTURBACIÓN"

La esperé por horas para su aceptación
he incomodó no haber tenido su presencia
aunque nunca llegó la esperaré por siempre
para así tenerla de frente.
Y solo los dos sabíamos lo que se siente:
unos sentimientos tan profundos
y lo que más quería era que me acepte.
Pero de nada sirve si no se la concebía
con esos pensamientos malos
sí, aquellos que la hicieron detener.
Aunque lo supimos y nunca lo expresamos
pecamos, ¡sí, los dos!, por tontos,
por no haber surgido esa voluntad
de hablarle con toda sinceridad.
Pero ella no replicó ni un sentir tenaz

¡para que debiéramos estar juntos
en la misma inmensidad!;
si bien nos separaría la distancia
nunca dejé de intentarlo en el siguiente día
y esperaba el atardecer para estar ahí
y tenga así una tarde feliz;
y no me importaba si la vida pasaba
mas, yo, tenía la voluntad de seguir
con tal decisión prospera.
Esperaba un día desprovisto de todo mal
también de todas las posibles tristezas
donde no tenía las certezas inmensas.
En su ausencia, yo, quería besarle o hablarle.
Solo querré que mis sentimentales palabras
siempre de unos verbos... ¡pueda así concretar!
Es que tú y yo... éramos unos seres acomplejados
que no pudieron expresarse nada,
¿será por el poco tiempo de vida?
oh, es por la inexperiencia
que nos perturbaba mucho;
aunque el corazón me retumba.
Nadie podrá aconsejarme
de no cometer el olvido.
¡Olvido que debo aprender!
¡Sí, aprender rápido a olvidar...!

"VERSOS SIN REFLUJOS"

Aunque hagan alardes de sus genitales
en esas canciones que dicen satisfacer
sus necesidades. Yo nunca me detendré.
en descargar todo mi enojo
en la basura de sus composiciones

que no tiene nada positivo.
¡Cosechan abrojos!, no hacen evolucionar
y no da ninguna solución.
Tampoco le quiero hacer de Cupido
pero no puedo ver que la humanidad
se desahogue con rugidos.
Porque la vida tiene la necesidad
de tenerla en concordancia,
y no hay que dejar pasar la arrogancia
una falencia de los imbéciles
¡que deben superar o sudar su maldad!
Levántense ahora de la ignorancia
un defecto que no aquejan a los despiertos,
porque en el discurrir del Género del *Rap*
se develará todo el desconcierto.
En la cual me quejo del farsante
¡que debe tener en cuenta lo que digo
para así salir de este estrago fijo!
Al reducir los tantos enfermos mentales
con lo dicho, deberá no perderse el efecto.

LA RAZÓN DE LA VIDA

Algún período de mi vida repercutirá
porque eternamente el mundo se mantendrá
presto a la circunstancia consentida.
¡Una oración mal ávida no desviará mi vida!
El paraíso terrenal no tendrá ningún sentido
si tu consciencia infernal no se alumbrase ¡ya!
Como el sobrino de Abrahán: Lot,
de sus pesares han de quejarse ¡ya!
En la bóveda quedarán mis restos empodrecidos
mas, las palabras que enseñan se quedarán.

No por jactarme de sabelotodo he querido
pues, todo lo que he dicho lo han dicho ¡ya!
Sí, todos aquellos que me antecedieron
los que comprendieron siempre andar
con su mente sincera percibieron.
¡Emprendieron! ¡Se enaltecieron!
Con la palabra de Dios se murieron.
Y con las últimas estrofas le rectifico
eso de ser ateo que mucho lo específico.
Pues, la vida es una sola y es de Jesucristo
sin pensar, que destruimos sus enseñanzas
por nunca haberlo visto haciendo su regreso.

LA MALA VIDA

Estoy enredándome en malas situaciones
y no me preocupan las desilusiones
que se mantenga así por los estilos
donde se profesa la febril locura fina.
Del tiempo turbulento elevarán oración
y mi canción es una prueba de esa emoción
para salir de la situación que tanto enloquece.
Mienten, ellos hacen lo que anhelan,
y a mí no vendrá ni un infiel filipino
a tratar de arruinar mi sino
siendo que el alcatraz no es un ave de paz
sigo con esta actitud incongruente
porque el orgullo y la modestia no lo verás.
He rescatado algo de mi niñez
ya que la inmadurez no la ha visto usted
cuando sufrí: aspereza, tristeza o extrañeza
ya que me apesta vivir en este mundo...
¡Que siempre hablan de la decencia!

***

Mi mujer, es la que más quería,
y con brújula en mano persistentemente
a ella apuntaba siempre con cual ironía.
Ah, por ella me desesperé
y haya aquel que se exaspere
y espere de ella un guiño en su rostro,
pero me acordé que el tiempo pasa
para ser ella un recuerdo lejano
al haber vivido conmigo en el arrecife.
Y a donde me llevará esta situación
al buscar ese maldito porvenir.
Pareciendo absurdas esas insinuaciones,
de mostrar su piel desnuda
a ese burdo ganador que eligió.
¡Y nada! Las palabras son absolutas
con su torpeza y no va a remediar mi perjuicio
¿qué hizo?, deben llevársela al juicio.

***

¡Detesto lo inconfesable de lo tuyo!
Nefastas las palabras que me dices.
¡Y qué quieres que yo haga si la vida es una sola
y siempre incurren en dejarme!...
Loable y sincero de mente me muestro
al ir componiendo oración tras oración
para así formar mis estrofas reveladoras,
y contarles mi actitud inocente;
tienen que verme inconscientemente
en las islas de mis pensamientos
que esparcidas están en el inconsciente
para después decidir cuál merezco yo;

pero no pueden ahora cesar mi regaño
ni en el canto que profeso actualmente
ya que me incomoda el peso
de nunca estar de acuerdo;
pues verán que mi estatura y estructura
sobrepasa a todos los cuerdos.

***

Mi palabra es más peligrosa
que la picada del áspid
porque retuerce hasta las almas.
¡Oh, mi ser!, que amargo es el dolor
y tengo una sed que ni el llantén
puede curar ni he de merecer...
¿Mi salud?
En ese contable parecer yo tuve
esa convicción de querer estremecer
y al conocer que... la lucha sería intensa
tanto que marcó muy profundo mi ser.
El poeta debe tener consciencia en la predica
y con mucho tino debe saber lo que explica.
¡Ay, de los ignorantes que agarran al lector
con sus sentimientos *ex profeso*!
¿Acaso con estos signos de puntuación
ellos podrán comprender lo que confieso?
¿Si avanzo en lo profundo seré maldito?
Ya que de la nada se predice con los gritos
cuando expongo y específico
el creerme esa noble raza de los poéticos
y será patético explicar con palabras psicóticas.
esos sucesos que pesan en las balanzas
queriendo expresar sus dolorosas situaciones

e ilusiones que quebrantan sus almas.
Verme en todo lo que aparento
Sí, esa presencia en textos, ¡Por Dios!,
yo, lograré emerger un alma para ellos!...

***

Un simple pensamiento te llevará lejos
y el conocimiento a unos los dejaran convencidos...
En mi ciencia soy sabio y no veo
que lastime a lo menos dotados.
La exacta chispa de complejidad hace que todo
se vuelva magnifica para destrozar a lelos
y no crean que es bueno el porvenir
al verse en el escueto hecho de así competir.
No se detienen y ni explican su absurdidad
al querer pretender dar un bello gesto
que trata en relucir: ¡que no puede!
Las estrofas que hago despiertan y darán
ciertos concejos a todos para que entiendan;
pues, no envidien y solo les diré que lloré,
al sentir ese hecho científico que odian.

***

Estas incompetentes paredes no detendrán
esa simple aspiración de llegar a ti.
Voy hacia usted y va quererme: ¡amarnos!,
hasta lo profundo, ¡sin temerme!
Mi alma no se deberá al duelo
y mucho lucharé para así expresarlo
que sí se puede: ¡no lo comprenden!
Hay desdichas que son así de comestibles

y lamentaciones que hacen por ausencias irrepetibles
que tratan de llenar con mucha sapiencia;
utilicen, pues, los implementos necesarios
¡que concuerden!, de pronto el dejar de sufrir.

CUENTO (Segunda Parte)

Yo, me sentía atraído por ella
y aquella la vi como una ilusión
al saber que esas plegarias
no me ayudarían a retenerla.
Estuve pendiente que no se diga
que no estuve firme
a esa composición inédita
que cantaría lo inevitable.

*

Esta sería la historia hecha
mucho antes del principio,
donde todos no podrán imaginarla
sin lugar a dudas, su perfección.
¿Y cómo pudieron hacerme esto?
La vida para muchos es un regalo
que puede venir con ella la felicidad.
Para otros, no es más que una carga
y pasan atormentándose cada día
para rebosarse de infelicidad.
Es que pasa muchas cosas en este mundo
lo que le toca a uno lo quiere el otro.
Unos tienen la dicha de tener vida
y se mantienen con sus costumbres sanas
que le benefician, pero, otros van
deformándola su vida con tal sagacidad

para estar al día con la maldad;
pero será una tormenta su legado.
Con la cordura se podrá llegar lejos
a través de los buenos frutos cosechados
a través de una familia colaboradora
sin esos complejos absurdos
que daña a veces al otro ser;
pero todo se va desmoronándose
en esa guía que tiende en atenerse
sin una actitud moral sin corregirse.
Pues deben alejarse de la opulencia
que detenga esa vida humilde.

***

Me encuentro en la selva
madre ilustre que alberga
en su interior las reservas
desde la antigüedad
esa naturaleza sagrada.
Ahí no hay nadie capaz
que explote y extermine;
pero vienen otros de afuera
a destruir y servirse de sus recursos
se encuentran volviéndose
recurrentes u insulso con sus actos
siendo más devotos al dinero
y no piensa en la vasta ciencia
envuelta en esa tierra fértil
llena de finuras de sin fin.
Ahí se ve plantados por siglos el Aco
esparcidas desde Venezuela hasta el Brasil.
Imputrescible se levanta el majestuoso

y no me refiero solo a su belleza
sino a lo perdurable de su tallo
que no encuentro ni recuerdo
otro lugar que no sea la selva;
y al final de mi realización se verá:
vegetales, animales y bichos.
Un entorno ideal para la vida
con ese suave aliento del oxígeno
que emanara así de los árboles
o del más simple trigo silvestre.

***

Lo dulce de la vida, es la compasión,
aunque llore y se deteste lo que dolió.
Venceré así con mucha constancia
tener la voluntad a la reintegración.
Aunque ellos despreciaron mi ser
veré lo que deberé cambiar en mí.
Nidadas de rencores me atraen al centro
y solo he de ver lo que me llevaré
al darse ese viaje de peregrinación
para que con mi devoción se limpie mi alma.
Matices de sentimientos refluyen
cuando veo lo que haré con ese calidoscopio
y copio lo que todos gritan: ¡anúteba!,
al manifestarse ese jolgorio.
Haré plegarias para no acercarme al orco
y trataré de confinar esa ambivalencia
que tanto arruina mi existencia
además, por cultivar mi última arma
la del propósito único: La palabra,
esa que posee de mí la gracia absoluta

siendo la indefensa de mi afecto
que será así mi única defensa
que servirá para atacar a las almas...

DECEPCIÓN INMINENTE

Con este sentimiento de amor
que esta boca profusa despliega.
Vienes con esa incomprensión que solo dejas
con ese insensato sentimentalismo puro
que causó ese tal... ¡Conjuro e ilusión!
Y por esa magia, comprensión y... ¡Ternura!
Estuve en presencia de la hermosa niña alta
que embatió mí alma y siguió siendo...
las que más resaltó en mi vida.
Y por ese encuentro mal planificado
que yo en esa noche había acordado
en revelar todos mis sentimientos.
Pero tuvo esa incongruencia de mantener
ocultos los suyos y al no decirlo me dolió.
Sí, esos sentimientos que ella y yo
pudimos así confesarnos para estar juntos.
Es que la oscuridad fue la perfecta cortina
donde la emotividad iba de la mano con la voz
y que pudo sacarnos de esa rutina del dolor;
pero, en clandestinidad continuó este bendito amor
y aunque parezca trillado sale del corazón.
Así lo ha querido y en ella confíe
sabiendo en mente que le faltaré
cuando disimula ese claro revés al decir
que sentía esa maldita repugnancia.
Pero pasó lo más evidente y huyó
y solo le di las gracias por haber escuchado

mis palabras más ardientes.
¡Y ese encuentro con ella nunca lo olvidaré
aunque en su mente no la tenga presente!

AÑORANDO TEMPESTADES

Yo, la contuve
atrás de una nube
con la mirada torva
porque los demás estorban.
Mi raza intrépida
y mis palabras inéditas
la hicieron sentir
toda una dama.
Al ver si se callan
les haré volar alto
hasta la muralla.
Sí, si ella lo quería
pudo estar junto a mí.
¿Qué?... Inferior ¡bah...!
Poder con ese pretexto
al extinguir la melancolía
haré que usted se ría.
A esta vida se debe tener
la costumbre atroz.
Yo, solo contra todos
y no es una mejoría;
pues no podrán moverse
en mi carretera mental
que es absolutamente perfecta
¡la prueba es que no me afecta!

***

Aquellos movimientos
que hacen mis contrincantes...
¿Será que salen de magia?
Yo sobrellevaré el mal con esta risa inerte
ya que siempre desvaloran mi lado bueno
porque de súbito no han de tener en cuenta
mi venerable sutileza;
que se cocina en mi cabeza
sí, toda esa infeliz rareza
¡casi nadie soportará!
La encerrada culpa asimismo me inquieta.
Esta maldita resolución hará lo falaz.
La consecuencia les hará ver
lo pertinaz del horroroso abadejo
al verse en circunstancias ambiguas.
No resolveré acusar con detalles
que se dan así por imaginación
con esos dibujos impersonales
que corroen y se sabe con seguridad
que están hecha con la maldad.
Si lo diminuto se contrapone
hay que lograr curar con los iones
que nos dará sus reparaciones.

EN HONOR AL HERMANO CAÍDO

¡En honor a su memoria!
Aunque sienta que en mi mente
hoy poco le pueda dar.
Recuerdo aquellos días cuando en la sala
él nos alegraba con su locura
¡sí!, me acordaré esas múltiples expresiones

que con su cola hacía.

¡No quiero que el lugar sea triste!
¡Ya que tuvo la voluntad de irse!
Y aceptó el destino que tuvo que pasar.

Yerto en ese lugar donde se encuentra
lugar inhóspito que despide tristeza
y nadie ve lo que ha sucedido conmigo;
pues no me siento contento
con lo que le sucedió a mi compañero
he imaginar la bajeza con lo que han hecho
hace que sienta un dolor en el pecho.

Solo en tus pata nomás.
Sí, en mis recuerdos, él, ahora estará.
Solo recordaré que fue un ser alegre
cuando su hocico despedía ternura y risa.

Qué más puedo darle ahora
si se encuentra inerte. ¿Y por qué pasó?
Tu descendencia algún día lo sabrá
que fuiste bueno y que Dios así lo ha querido.

***

Mi claro sufrimiento otra vez la convoco
en esta hoja con tal inminencia,
lo hice una vez y no desapareció del todo
al haber ocurrido hace tanto tiempo.

Lo hice por despecho la primera vez
y ahora para testimoniar el hecho
quiero que se evapore el recuerdo
tan desagradable que es solo un reflejo.

La primera vez que tomé el papel
fue en su primera cara
y después de aligerar el enojo no logré
evidenciar o así por completo expulsar...
Todos esos sentimientos tan perversos
que no me enaltecen y me hacen sentir inútil
al mostrar tanta violencia que atemoriza
e irrespeta al darse esa pena inmensa.

Pero no sé qué me ocurrirá
si suicidarme ante el enemigo que escogí
oh, el destino terrible va destrozarme a mí
por no haber estudiado
que todos saldrían heridos
siendo el signo escogido este destino.

No sé bien, si he de lograrlo otra vez,
solo sé que volverán de nuevo
a esta dura batalla y esta última
la ganaré en un segundo
pero muchos piensan que no pasará nada.

***

Llevo esta sensación de histeria en mí
recortándome el paso: «¡ya que me dolió!»
Tengo la obligación de quererte
pero parece que mi luz no se siente.

Ese tenue resplandor de malicia
brota así de la nada en su cara pues...
Su ser me destroza e invade
de esa materia que me poblará
tan dulce y en nada contrastará

ya que pienso que no me llegará
ese día que bien me destrozará...

***

Papel recogido del suelo
sin mancharlo lo convierto en velero
sigo con la perseverancia por lo que quiero
existe la constancia aunque no soy sepulturero.
No quieran que el trabajo ajeno sea la del dolor
que me despierte de este cuento
que se alterna mucho en el agua
y corre sin duda en el silencio eterno.

***

Tuve esa visión inconfundible
la de no tener esa sonrisa tímida
ni andar con ese coraje con lo venido
para no entorpecer mi única vida.

Vida enclaustrada por los deseos
vida que se tumba por sus pesos
y en el momento de sus besos
no lograría tener esos decesos.

Amarte sin deceso es algo que pienso
ya que me destrozo los sesos
que no se restauran sino reciben el aliento
pero al tener esa lujuria se me da eso...

Me perturba, sí, el revestimiento
liso y brillante que me inquieta
y me hace desmayar por lo que tengo

ya que no podré olvidar lo travieso.

***

Cruz indeleble, mancha que no sirve,
hace sus destellos y ni borra lo indecoroso.
Nunca gozo lo que es banal
tampoco mantengo oculto lo carnal.
Deseo que se haya perdido
y jamás volveré a dibujarle otra vez
junto a esa letra muerta que no causa alegría
y no cualquiera la muestra orgulloso.

***

Quién lloraría por ver la decadencia de su rostro
y a la vez tener el deseo de poseerla una noche;
lo intente una vez y nada funcionó
pero me vino de repente el llanto
y en absoluto nada me preocupó;
pues, han de saber que la olvidé lento...
Influye eso que la humanidad
no logre describir lo que es exacto
ya que quieren salir de su casa
con espanto y enterrar lo triste
porque al salir uno se enamorará de otro
como para cumplir con el sonido del tambor.

***

Esta soledad con su estolidez
que se esparce de por si
aúpa abalanzarme, pero esperé
que no me afecte tener su piel

que suele causar tanta alegría.

Y que no se pierda la manija
al abrir y entrar la esperanza
por la lucha que se exhala
donde nunca se espera nada.

Que no se diluya los sentimientos puros,
ya que el triste colibrí que deje ir
se asemeja al corazón que latió por ti
y que se murió por el claustro que le di.

El triste metal en que le revestí
me sirvió de muy poco
ya que hasta ahora se encuentra fría
y eso me basto para no verla.

Se lucha por el peso que conseguí
por ese desaliento donde lloré por ti
ahora, parece que nada me hace falta
y ayer lo comprendí que no soy nada.

No hay nada que me levante el ego
y sufro al darse en mí una quegua
que demuestra ese desligar que altera
por eso la veré huir lejos.

***

Llevo esta sensación maldita que me estorba
y es inusual pensar que se pierda y esté...
Aguardando el camino, aunque el cuerpo,
ayer le traté en despedazar fulminante
para que jamás exista para mi este pesar,
pero, le tomé un cariño al estar ausente...

El recuerdo que tengo es un olor a muerte
y esto no le dejará hasta que cese
ya que todo se va del cuerpo inerte
pues nadie soporta lo que se detiene.

Luz blanca que al instante huye
de la oscuridad y se apodera de uno,
incluyendo así todos los sentimientos bajos.

Ya la melodía dulce me acompaña
hasta que la muerte se extravíe
y así no se logré percibirse el fin,
que en santiamén estará cerca.

***

Mis conllevados y atormentados
veo que se pierden por los delgados lados...
¿Será que detesto que estén a mi lado?
¡No responderé por lo sufrido!
Se lo merecen por encender y despertar:
este sentimiento que hace que me arroje
hacia la más oscura consciencia ovoide,
haciendo después que se viren al costado.
No recalcaré lo que tú no reconoces
ya que todo es claro al admitir
que solo estaré sufriendo por ti.

***

Tengo la vista hacia los colores
veo las luciérnagas aunque llores.
Tendré así las virtudes ajenas
al disfrutar que vuelan las penas.

¡Hago eso de tomar las estrellas!
¿Cuál sería las sustancias que mellas?
Harán eso de quitarme las tristezas
al lograr el hecho que nunca les hablé;
yo no correré por las prestezas
que se mantiene por orar al diablo.
¡Es que no lo notaste ese algo preciado
que vive todavía con tanta luz natural.

***

Con esta arma blanca: larga, recta y cortante,
no podrán jamás ser estandarte
por más que logren así callarme.
Y nadie ostente con sus fuerzas quebrantarme
si al menos podrían asimismo levantarse.

¡Mi vida, estoy loco por ti!,
y sigues con la indiferencia perfecta,
y no lo entiendes aunque en el fondo
casi presiento que serías algo para ti...
¿Acaso estando en un rincón lejano?,
tú me querrás para tenerte así de cerca.

Y al tomar tus manos yo quiero
llevarte conmigo lejos, aunque, tú y yo,
parezcamos cautos y no lo expresemos.
Pero una sensación de asco y repugnancia
decís que sentir por mí, haciendo que se detenga
los flirteo, pero, sigo con la frente en alto.

¿Es acaso que tú eres demasiada perfecta?
¡Oh, ya no tendré la sensación de así tenerte!
¡Pues, mírame...! Soy el que se desarma

ante tu presencia, mi querida princesa.

***

Descubrí una nueva forma de escribir
donde no me dejé llevar del enojo y la lujuria,
empecé primero esbozando con lucidez
para de una vez plasmar una consciencia
aunque se diga: ¡sí, juro!, y sientan el pesar.

Cuadrangulares letras que se muestran vetustas
que van encerrando así un mensaje
y así lograr demostrarles mis intenciones
para sacarme tranquilo este monstruo
que ha de querer inmolar los rostros
sin compasión para ver su descomposición.

Y al despejar el dolor comencé iluminar
cabezas, dejando de subrayar el mal ajeno.
No podré subyugar así mi razón
ya que la pereza puede causar un pavor...
Y demostraré en ser muy valiente
para no ocasionar más estragos
sin el temor de la eventual felicidad
que he querido en dar a mis hermanos.

Desde la otra esquina le miro su flacidez
está cansada y le aflora el descuido;
pero mis versos ya no tienen sentidos
para escoger ese rumbo hacia ella.

***

Dibujo infernal que tracé

¿podrá esa forma expresar?,
los sentimientos opuestos
que aprendí a no querer...

Pero dejé que tomase mi vida
luché hasta cansarme de tener:
que acariciar la inerte sangre
que incita matarme esa sonrisa.
Luché para que no perdurase
aprendiendo mucho más en lo eterno
también voy pretendiendo
que se sufre, pero, mi calma
prevalecerá hasta el final de mi vida.

***

¡Insolente!, no vas destruir mi mente
con esa basura incongruente
al venir con ese perfil convaleciente
ya que ni el frío inminente
dejará que se oiga lo que se siente:
¡Ese diantre que estará presente!

No me juzguen de ofensivo, pues...
¡Tengo que estar varios pasos adelante!
Por si acaso me destrocen los tiros
que nunca vienen demulcente.

Dejar, sí, que las abundantes lágrimas
demuestren mi desconsuelo
a todas las miserias humanas
que obligarían a tener estos tristes deseos.

Letras que se asemejan a las balas
haciendo que el dolor se instale

en el centro de mi pecho y se jacte
de romper así las muchas faltas.

VELO DE MUERTE

Tonto placer que conseguimos
sí, lo buscamos para solo un rato.
Y mañana con insistencia aflojamos:
las lágrimas, que al parecer nunca notamos.

Y dejaré de correr hacia Eros
que siempre nos juega bromas inoportunas.
Pero para salir de la duda
no hay que caer como imbécil de una...

Y pregunté alrededor:
¿Alguien tuvo la culpa?
¿Alguien metió algo incierto?

Sin pensar que en el desconcierto
se debe estar atento de lo desértico
para alejarnos de todos los abucheos
que nos dejará bien muertos.

Así es la muerte coge al más débil
o al blasón más endeble
que nadie puede desmarcar
que nadie puede salvar.

EPIGRAMAS

1
Las erupciones cutáneas acomplejan mucho

y al no tener esa estricta imagen de pureza...
se quebranta el alma por las vesículas y pústulas
siendo así unas brasas candentes
que hace sentir dolor de inmediato
habiendo así mucha disminución.

2

Corrompido por las redes de los hombres
que acompasadamente se guían por el instinto
y la razón no hace casos a mitos
al destrozarse asimismo las carnes.

3

Esa tenue luz va inflamarle
se resiste a que tenga algo amable
y ni muestra alguna mejoría
por el solo hecho de ser un animal.

4

Inesperado intento de sobrellevar:
esa inoportuna inclemencia
que demuestra a los otros sublevación;
el se sienten con el poder de encargarse
de la voluntad mía pero no orienta mi alma
para no caer en cosas vanas.

5

La perdí por no quererla
y ahora me siento insulso
pues acabé como un tonto
por no abalanzarme a ella
pensé mucho por qué no encajo
dentro de mí, y, por darle el cielo,
quise verla siempre de frente
pero me lástima lo inclemente.

***

Dioses, ¿quiénes no los tienen?
Y por una tonta superstición
todos quieren hacerme sentir...
¿Qué? ¿Por qué lo que quieren así?
Pueden nombrar a muchos
¡y no sé hasta dónde puedan llegar!
Vale la pena el insistir
que locura por incidir,
que hace que me enoje
por esa insistencia del viaje
donde hubo mucho que presidir...
Tonta locura de los círculos
hace que me pierda entre los vestíbulos
pero este coraje me desarropa
¡lo más íntimo quedando así desnudo!

A Cádiz se va por su "parchís"
siendo una insistencia la locura

Volcaré estos sentimientos de ateísmo
que me aflora, y no dejaré de creer
que un alma le brotase roja
así nomas sin consultarme.
Malicia encarnizada que descubrí
en el mismo instante en que le vi
hacer ese tonta acción pura:
¡Donde los sentimientos quieren existir!
¡pues, sin dudas, ya no serán para mí!

***

Gama de sentimientos absueltos
que hacen sentirme una escoria
y ni con mucho oro y doblones

ellos me harán llamar a la antigüedad.
Triste soledad de los años pasados
ya nada queda de los meses ganados
que se perdieron haciendo: ¡Nada!...
Y se corrompieron en esa acción
que me condujo al destierro.
En la soledad uno se pierde
y no notamos que nos absorbe.
Y pensar que la costumbre
hace perdernos el temple.

Esta situación en la que me encuentro
me aqueja porque he vivido cosas que...
He tenido que enfrentar violento
cuando es despellejada la razón.

Tengo presente esa solicitud de la nada
que no hace recuperar mi vida
porque si así lo hiciera ¡yo moriría!
Teniendo presente que no cuidarán de mí.

Brilla mucha la crepitación e impaciencia
¡resguarden aquel!, que se pierde
en la inocencia, y, no deberán perder
la consciencia que tanto inquieta.
pues, esa locura pronto les llegará.

***

Llorar con absoluto decoro
tuve que hacerlo y no se mejoró
aunque así por dentro se lloró.
Por la intuición del enojo
se hizo volar los rastrojos.

Destrocé así el capital
que se pierde: ¡a lo lejos!,
tendré la plenitud del abadejo
a la vez que la dureza se despliegue
que muchos aterran la serena noche.

***

Venerable y loable el sentimiento
que se expulsa por aquella mujer
y que me dejó... disuelto en la locura.
Nada puedo expresar
al perderme al mismo tiempo
en esa terrible situación
que tuvo que devorarme
con tanta frugalidad.
Y me siento inclemente
porque en mí se siente
que la infortunada se pierde.
Lucharé por tenerla presente
¿y que en la luz no se pierda?,
pues algunos beben de la oscuridad
y la infinidad tiende satisfacerlos.

EL TONTO INFLUJO DE LA MUERTE

Me levanté, casi justo, a ver el alba,
¡ah!, sí, nunca la vi venir
tampoco ella me quiso despertar.
Me pregunté asimismo:
¿Es tonto tener ese recuerdo de sufrir
y al mismo tiempo deleitarse
con esa insistencia de lacerar?

Este sentimiento de angustia
me impedía siempre volar
y al no expresar la libre alegría
que quería llevarse todo a ella.
¡Oh! ¡Tonto recuerdo que no me deja vivir!
Ha de tener si... una insistente evocación.
¡Dejadme tranquilo! No pierdan su hilo.

Ahora lo repaso estando en la cama
acostado en una sábana llana
que acoge mi estado malsano
para así sufrir con este dolor
pues en mi vida tengo un sinsabor.

Y si tuviera un sabor a cereza
¿eso mejoraría la vida al excluir la tristeza?
Tengo la cabeza así de inconmensurable
no lo entiendes, si ayer está bien,
¡ahora, la muerte viene por mí...!

***

Nadie os atreva a perturbarme
con tanta locura e insistencia
para querer inspeccionarme
hasta lo más insignificante de mí.

Predicando en la tarima
mi madre siempre me ve desde arriba
porque ella me enseñó las maromas
para sobrevivir sin eso que me roban.

Fatal, es el tiempo desprovisto
que tiene la intención de ocupación
para así hacer esas cosas

que le salen de sus cabezas
rompiendo así el paradigma de la grandeza.

Obtengo lo justo con las fuerzas mías
y van a ver a cuántas personas he de callar
no puedo pasar más de muchas
porque sé hasta dónde puedo llegar.

Y con esta última estrofa me despido
para que vean esa estratagema que hice
cumple con lo mucho de aparte
brillando mi inteligencia que nunca se ha ido.

***

Desde las arenas de arabia
montado en un camélido
asumía esta sonrisa inerte,
en la que habría de mostrarla
con tanta fuerza para vencer,
pese a lo que hice pude probar
que mi tiempo estaría latente.

Lo relativo es contar lo ausente
aun volando como un ave rapaz
aunque la paz no fuera una propuesta
y jurar que la guerra es indecente
es lo que más quiere la gente siendo
lo único que mantiene vivo al guerrero.

La lucha siempre será confortante
a ese corazón vivo que no tiene mente
y la vida permanecerá vacía
si no siente nunca lo vivido.

Aunque los tiempos cambien
y se desmonte ahora un viejo corcel,
sé que la vida me la dieron para eso
sí, depositar en tierra mis pensamientos
que van a confrontarse con aquellos contrarios
que salen de magia con sus palabras dura
que tiende referirse a mí mismo,
o escrutarse la cabeza hasta los pies.

CUENTO "LUCHA EXTRA CORPORAL"

El hombre extraerá de su ser la mala esencia
y en esa búsqueda de contacto con el exterior
encontrará la forma de interpretar
este mundo en la que habita incomodo;
además, dejará de satisfacer a la humanidad
para tratar de hacer su propia historia
y ser reconocido por una hazaña insuperable.

*

La amplitud de su frente
me hizo ir hacia adelante
y esa aquiescencia absoluta
hace olvidarme del aquelarre;
y juntos en el fuego vimos
reunir todas esas palabras
para así hacer una poesía
de ultra alevosía,
que se deshace en el pecho
por haber pertenecido al arrecife
poniéndose rara veces en pacifica fe.
Por lo tanto que miden
no hago caso a las deshoras

pues, me siento perder el tiempo.

***

Tengo que desaparecer el temor
y así no tener muchos ambages:
se lo digo o muero en silencio
al destrozar así el sentimiento
que me imposibilita ser como otros.

Los demás no tienen consciencia pura
solo tiene un aura oscura
que se contrapone con la mía
al enfrentarse a esa eterna dualidad
que predica así su santidad.
Como tonto luce esa alcabtea
y demuestra esos falsos tropos
digo, pues: sufro y lloro
para así cambiar mi destino
pero, tengo el cerebro
armándose de paciencia
viendo que haya un mañana
llena de mucha inocencia.

Y pienso que esta fama
de predicar como un loro
pasará a lo clandestino
seriá como bregar con uno mismo
siendo que al uno ganarse
no se tendría misericordia
para que se derrame toda esa paz.

Tanta paciencia y lloro, ¡no es!...,
lo que sirve para curar el alma

lo que... ¡sí, es!, demostrar cambios.
¡Que todos podemos hacer!
Para lograr cambiar a este ser.

***

Agnición es lo que sufro monótonamente
y veo que mi temible ser lucha mucho
para no estar en la equivocada afasia
pero mi guía es siempre un sánscrito.

Grito, y no me escucha el discípulo,
y el tonto que lee: hace más que el ridículo;
miré por allá: es el infierno infinito
que no es horrible sino que es el olvido.

Recordé el lugar oscuro donde se perdió
oh, este temible dolor me arrojó
a tener este tonto temor que escogí
y eso fue en el instante que nací.

Lucha eterna que me tiene en acefalía
y el triste destino es lo que humilla
ya no lo veo predecir sin comilla
todo lo que pasa en el espacio del día.

Pesimista insolente que bajas nubes
desde el cielo azul, sí, cambiando ese día,
tan solo por qué estás allá arriba
las tinieblas que bajan ya nos obliga...
A ese mismo final que nos derriba
será que de mis escrito algo se extraerá
cuando ves que con lo que se lucha
viniendo de esa fina tierra de la agnosia.

***

Procurar que mi poesía lastime
al darse ese roce que dan tus amén.
¿Sería un estúpido entre las desigualdades?
¡Que tanto siento cuando tú los deshaces!

Mi cultura no es alta ni refinada
pues, no tiene nada que envidiar
ya que ella sale así de la nada
al pensar que me van estudiar,
lo que he de volver casi nada.

No..., nunca podrán comprender
¿qué es lo que siempre hago?
y no valoran ese logro mío
pues, genero fuerzas y así les pago
al querer destruir este escenario.

Este acto puede parecer lapidario
¡rezo a diario!, y no se dan cuenta,
lo que hace... «El tal mago».

(Con la fuerza de la palabra
llevaré la perfecta armonía de la luz
que dejará de tramitar ese dolor
que hará siempre sentirme mejor).

***

Es injusto tener esperanza en los hombres
por creer que tengan las soluciones
y continuamente dan hasta las cumbres
para desestabilizar los corazones.

Hacer el *apartheid* al malo de entre los buenos

porque nunca sabrá la distinción del presente
aunque se presentase con el buen color de piel
¡no se dejen llevar por lo que aparenta!
Y la luz untaré, aunque, no sea miel.

No ocultaré la ira que se despliega de mí
que es algo inminente por más que la paz
se haya ido así de repente del lugar
pero esparciré por las ondas hertzianas
el mensaje para que no se quede en la nada.

Sacaré la espada y cometeré ablación
separaré las partes corruptas y... ¡absterger!,
lo que destruye y no deja cumplir mi visión
porque la locura anuncia así... ¡tejer!

El alamud no deja pasar la inmundicia
pues, con esa fuerza irrelevante
que se encuentra en el instante
deshará esa manera imprudente
de jamás luchar para poder amarle.

Es la conmoción del desprecio
que consecutivamente viene de la nada,
y si se corriera con ese insulto
también he de sobrellevar... ¡la arana!

***

Mi destino no estará de clausura
y a mi dinastía no le podrán fin
tampoco la atrofiaran con el mal
que tanto detesto yo usar;
y creo que con tan poco aprecio
la veré desde adentro: ¡bilocarse!

Ella tomó su propio camino
viró justo para conseguir la paz
no la consiguió en ese dulce espacio
˛ si bien eso no le amargó su vida
a la vez me escogió a mí
para ser de ella su grandioso destino
y verla en ese destello que codicié;
quise tenerla para siempre y se me hace
que con tan solo un sentimiento dado...
Serviría para entretenerme y con gusto
yo, gritaría que ha escogido bien
en esa plena confianza para no perderte
...¡Ruego a dios que no me dejes por...!

***

Ayer miré y tomé como modelo
un comportamiento apócrifo.
¡Cosa inusual en mí!
Por eso, junté mi lápiz y papel
en mi repisa de alabastro
y me puse a componer con esa nueva actitud.
¡Comprendí que no era bueno!,
desmenucé parte por parte mis cosas
y en el desarme perdí una parte;
¡gracias por haberme desasido de eso!
¿No sé cómo lo tomé prestado?
¡Acaso soy un imán que recoge
todos los sentimientos malos!
Lloré para que desaparezca de mí
y luché por días y le puse fin
sí, que tenga su fin; y me pregunté:
¿por qué se ha tener algo que no se quiere?

¿por qué he de tener algo que no sirve?
¡Y cual loco que pelea con sus demonios
no permitiré que me miren con enojo!
Pues creo que eso me confundió.
¿Y qué he de hacer yo con esto
si ya no sirve ahora ser respetuoso?
Solo al ver que está encerrado,
perjudica al que se encuentra a lado.
Claro, esa luz me ayudará esclarecer...
Y ahí fuera lo usaré para no tener
ese impedimento de amar.
Con esa fuerza infinita que tengo
esperaré que no se reproduzca más el mal
en otros seres que quieren ser perfectos.

***

¡Ah!, escribí un poema inédito
que rompe todo el beneplácito
cuando le enumero así lo característico...
Al observar su físico, sí, aguanta lo liso,
como el «*gecko*» me mantengo firme
para resplandecer en el estrépito
esquivando avalanchas y desilusiones
que tanto dictan las emociones.

Como el «*gecko*» por su peculiaridad
le resalto esa forma física.
¡Ay, magnifica criatura de Dios
nadie puede igualarte a vos!

Sigo resaltándolo como a mi persona
que se mantiene en la zona
con mucha soltura y sin peligro alguno

para no caer con las voces turbias
al buscar algo en la idolatría.
Mantengo la esperanza
de mantenerme vivo a ultranza.
Pocos resaltan el aspecto físico de los seres
porque la naturaleza no le es amena.

***

¿Cuál es la temática?
La cuestión es tener mucha práctica.
¡Puedo comprometerme para que me entiendas!
Con lujo de detalles me esforzaré en hacerlo.
La forma es utilizar los renglones
que algunos los llamarían versos
o pueden llamarlos líneas.
¡Pero no importa! Yo, así les imprimo
toda mi razón en el escrito.

Puede parecer blanco u oscuro
lo importante es que tenga algo duro
y debe notarse la avidez del poeta en la rapidez
al expresar lo que le sale de la mente.

Puede ser ridículo la perpetración
que sale de mí al enseñarles a ustedes
las buenas letras de mis canciones.

Pueden deleitarse por lo que se dice
sin esperar que ustedes las aprueben
todos pueden mejorarle la música
que le cobijara los versos que tanto miden
cuando tratan de avanzar hasta:
las altas cumbres o el fondo del océano.

***

*«Fluye con los pies descalzos
con ese amable y dulce olor».*
Y susurra palabras que determinan
dejarme colgado en esa estancia mía
mas todo lo arruina esta incurable tía
haciendo brotar mucha pestilencia.
No nos deja estar unido, todo lo deshace,
dejándonos perdidos en ese triste sendero
para sentirme inservible en el resto de mi vida.
Y por la culpa de la envidia
se forma lo que existirá después:
el derrame todo ese dolor que se engendra
en ese mismo instante de la prohibición.
El que odia nunca está mejor
pues todo lo que se haga actualmente
no contribuirá para un futuro superior,
aunque, sean lavadas con lágrimas dulces...
Lo juro, al recorrer se viene los gozos
para asimismo desaparezcan los esbozos
y no todos se entretienen en los suyos
pero se ha de hacer esas miradas que envilecen
y las peleas suelen ser por conspiración o...
¡No ser tantas!.. Al llegar a lo que se quiere.

***

Mi manada: sociedad irrefutable
finge ser loable con su espada
con la cual quieren mantenerme a raya...
¿No?, no es ficción, lo digo con tesón.

Puedo resolver en mi consciencia
y demostrar así la tanta paciencia

que nunca obtuvieron los rastreros
al detenerme con sus gritos lastimeros.

Como un ejemplo plausible me mantengo
el de alimentar siempre el ego
y los entrometidos parecen tratar con astucia
ser ruin para que me pese este tonto corazón.

Quisiera confesarle qué es lo que siento.
¿Un momento insulso es lo que pretendo?
No, por tonto lo cometí sin consulta
el de ser ahora como el más pendejo.

***

El tiempo no se detiene
y afronto la duda de la existencia
que me lo tengo merecido por nacer,
pero eso no me da placer ser injusto
y puedo parecer: isobaro y loco.
¿Oyen?, las terribles lamentaciones
que se logra oírse hasta el amanecer.
¡Todo está traicionado!
¡Me apresuro indica el Eclesiastés!
Vaya esa forma de filosofía de imponer
unos pensamientos rectos, no miento,
lo tengo merecido desde hace tiempo;
ahí donde estaba más bien deformándome
y no creí que llegara degradarme tanto,
pues, la conducta de otros no es la rectitud.

***

Las influencias las tomé de aquel individuo

que tiene un vínculo con lo oscuro
y lograr que mi mente alcance
esa fatua realidad que envilece es difícil.
Toman de mí la entereza
y no importa si de ella saliera la tristeza
al formar parte de esa trilogía
que parece ser una de las sectas tan mía
que se hallan en mi cabeza.

***

Ser como la tortuga
con su sabiduría infinita
que siempre anda lento
y le importa un carajo el tiempo
al poner en relieve: lo alto y bajo
de esta sociedad que tanto detesto
y no será más que todo lo dado.

Llegue sin saber
lo que puedo predicar
y la satisfacción se pierde
porque todo es muy bajo,
y la consciencia es tan alta
que tengo como acordado
no glorificar lo vano;
ya que trato de ganarme
el respeto con lo que hago.

Y si mi triste corazón
se inmuta con las críticas
es porque me pesa el desgano
que me tumba al piso...

***

Esta desilusión me acompleja
y puede parecer una quegua.
Es más, es inútil explicarlo...
La del... «¡Despertar de lo Oscuro!».
Es como romper el paradigma
y estremecerse por el lloro.
Sí, usted debe saberlo
y lo más que procuro es mi valioso
estudio que hice sobre la nada.
Y me despliego dentro del tiempo
para estar en lo bueno y en un instante
pasar de inmediato a lo malo,
y por la simple elección que se tomó
hace que el espacio no esté iluminado
y rápidamente se busque esa dirección
que enaltece todo lo Oscuro.

Sin saber lo que me pasará
nadie podrá comprender mi alma
ya que la retaliación hace que mi corazón
no quiera tener esa sensación inmensa
que trae consigo toda esa torpeza.

Retuercen mi inefable alma
con el completo repelús
y veré que la luz lejana
ilumine donde estés tú
y alcance con tal fuerza
para brillar lo incidente.

***

La aquiescencia de su proceder

hace que se principie el aquelarre,
y con esa impaciencia de ver
tengo que enfrentarme a la arana
y así prevenir todo lo injusto.

Corriendo en una pista proterva
a ciencia cierta esto me aqueja.
¡Al tener la inútil insatisfacción del enojo
hace que se cubra la sabana de rojo!
¿Y la tonta recitación del adiós?
¡Abroquela con insistencia mi vida!
Al saber que se llevan mi esencia
a todo pulmón hago mi traspiración
para destrozarla a contada satisfacción.

Y con el simple símil del humo
que se avienta al aire a vuelo rápido
servirá de cortina a los acaudillados
que están ocultos por sus heridas
donde los pierdo en el enredo
ya que será como el ovo negro
¡lo dice ese mismo himno del adiós!

Es que el fin se acerca pronto
y el tonto recelo me inserta
en esa insignificancia donde estoy,
pero no hay nada cierto
¿¡Es que tuve que hacer este cántico...
que algún día se acabará!?

***

Lo que no tengo de artilugios,
he de confesar, que les puedo dar,

con todo mi alma: la fiereza.
He de ir hasta las últimas consecuencias
con esas inoportunas cosas que se presentan;
pero, suelo parecer hipócrita con esa actitud
de estante o armatoste que no sirve
ni para volar en la hoja cuando se escribe
y puede causar algún daño a los lectores.

Vi una luz en su sonrisa
y en ese mágico instante supe
apreciarla en suspenso
para poder ir yo besándola
y despegarme de los rencores;
pero hicimos eso tonto que nos desunió
y en el intervalo le demostré
que se puede vivir en la felicidad
al derruirse lo malo, sí, no ganamos,
para así vivir muy felices por siempre.

Pero así de armatoste como parezco
he de dar la simple emoción al público
pues, nadie puede quitarme esta agnosia
que hace que les presente un pesar.

***
Mi persona se refleja en el espejo
y no toma ciertas actitudes de la gente,
después me encuentro analizando lo cobarde
que no se resiste a limitarse en el orbe.

Estos sentimientos que a otros aquejan
y al verlos perdidos, yo, los evado
otra vez pasa lo de ayer, sí, me arde

esa tonta ilusión de creerme fuerte...

El destello de la luz roja
al corazón se le antoja
¡y las viudas lloran!,
con lo salpicado.

Las influencias de los otros no me afectan
soy como un indigente hambriento
que recibe galletas y le quedan migas en la barba
viéndose esparcidas en ese tosco manto negro
que no le importa mostrar y ni se amilana
con todas esas enfermedades de la calle.

***

De la muerte a la protesta
nadie puede escapar con pretexto.

De suceder eso que nadie puede ver
ya que la gente tiene que saber
que sufre también lo de...¡ayer!
O algo semejante que se quiera detener.

Me comporto un poco modesto
¡por eso, de la protesta a la conquista!...
Con ganar no basta, es que,
el poeta no puede dimitir
ni sentirse inmundo:
¡Al estar un poco confundido!,
con lo que ha recibido.
Me duelen sus comportamientos
que nunca construyen ni instruyen,
¡no les importa nada!, solo destruyen.

Vengo con la psiquis de caída
por más que sean fuertes
no verán mi vida derruida
y la mía tiene bastante bajadas
para que sepas, que en mí, nada queda.

No pueden confundirme los imbéciles
es que soy superior, aunque ellos no lo crean.

Vaya asunto que terminaría sin un final infeliz
al demostrar estar pintado del barniz
que reluce mi rostro cuando voy así
con esa actitud rozagante al verle feliz.

**

No se desesperen por estar entumecido
siempre tengo el *bloc* para mostrar mi desazón
y seguir con la razón que perturban a todos.

Rasgo de bendito semita
cuidando que la termita
no abunde sin razón.

No podrán roer ese aire que llevo
¡tampoco liquidar el dolor que tengo...!
Pues, seguiré aupando desde el Parnaso
en oblicuidad hasta llegar a Uruguay.
«Bendita América la cabalgaré hasta el alba
y por más que no detenga la fuerza» (?)
Soñaré con esa ave ciconiforme,
Isis, repite: **DAMON.**
Y confieso filosóficamente
que mis papiros en el futuro resaltarán

cuando los entiendan todos.

Va marcando el compás la **IRA**
y el sonido de la lira refluye **IBIS**
pues no tendré la culpa de esparcirla
así por las ondas hertzianas
que demuestra ese dial horizontal.

MADRIGALES

1

Es una buena persona, se nota a lo lejos,
aunque después digan que se vea desparejo.
¡No, no importa las inquietudes!
¡Tampoco las desigualdades!
Todo el misterio impide saber lo importante;
sí, se percibe la crueldad en sus actos
es un craso error y un sin sentido,
que apoderase de mí lo maligno
para desmoralizar a todos imberbes.

2

La maldita envidia me llevará al fracaso
pues quisieron encerrarme en un vaso...
¡Donde no pudieron contenerme!
Pero logré salir para restablecerme.
Y vi una cosa distinta que no era válida:
¿Luchar sin razón o con un buen corazón?
¿Vale afilar ese instinto de no quedarse atrás?
¡Para salir y enfrentarme al lobo
que viene con esa hambre voraz!

3

Vienen aturdirme, pues, lo pasaré
y no estaría frustrándome;
de lado a lado, ¡salgan!, que lo hago.
No estoy mojado porque me sequé
después de cruzar por entero el puerto.
¿Reconocen la situación? Soy yo.

4

Tuve que aprender de los viejos
para versificar lo más nuevo
y rectificar lo que no vale nada
aunque todo es muy pasajero.

¿Vengo con lentitud o voy con rectitud?
Para así emitirles mis criterios.

¡Vaya!, no importa
no callaré lo tremendo
al pensar en lograr hacer
ese inconcuso parecer.

TIERNA, PERO INSOLENTE

Todo es absurdo
hasta lo salido de la nada
y por creerme importante
sigo con la misma querella.

Quiero trasportarme lejos,
pero mi situación me rige
estar en lo desconocido.

Volverme inocente o trascendente

aunque Augusto Cueva
no lo vea por estar muerto.

Quiero divertirme con los símbolos
esos que se me dan ahora por atrevido
y ni una sola será para la nada
pues no quiero destruir a nadie.

***

Por el decoro de ese indefenso loro
tuve enfrentarme contra todos
y los versos que no entiendo los borro.

¡Saber que todo es inútil e isobaro
y al mismo tiempo no saber lo que hago!
Me pone a trazar líneas en todo mi territorio
y a la corriente se lo llevará el morro.

Imela insulsa que anda por España
los reportes me dan algunos avances
para que así se logre mi ingravidez...

La rosa intensa me perturba
y los petalos vuelan lejos y me deja
con esta vida comprometida
con la muerte que pregunta por mí.

***

Esa danza infernal que veo
destroza mi pensamiento añejo,
y con el simple impudor que créase
pone a consideración de su reflejo tenaz.

El relativo eco que se escucha a contra luz
me hará pensar que me desarmaré,
y al no tener el control de la balanza
lo que alienta será simple y banal...

Ecoico intruso que me atormenta
sin una convalecencia eso me aterra
¡entiendan!, quiero ir más allá.

Más allá de lo que ocurra
así no se encuentra
un pensamiento bien acabado
y viera así mi cuerpo como inerte

***

Sí, amigo, asperger esa consciencia absoluta
que no se inmuta ante el mosto de la cicuta;
pues, hay que hacerle lo que no soporta:
que escuche el ruido que hace la cuca
cuando se prostituye sin rastro de la impoluta.
Lo hacen para que se destroce y cuando brutas
caen de la nada y lágrimas riegan las pupas;
dentro de mí, llueve en aluvión y hacen roer,
y no todo olvidaré porque la primera
me hizo perder el estribo desorientando mucho
¡y no me preocupo el batir! No hay daño
todo es extraño, voy y lo grito:
¡Comer tierra!, pero, miento mucho,
porque tengo consigo el presente
que es un recuerdo tan latente.

***

Tengo el cuerpo cubierto de niobio
también salpicado de mucho carbón,
y con eso no puedo dejar de existir
viéndome así como un jabón.

Nadie me sacará de la muerte que refriega.
Vaya a un costado o por las bardas
no pueden dejar que descargue mi venganza
hacia los otros que no entienden de ciencias.

El nitro lo tengo a dentro recolectándose,
si no lo has tenido, ni has sufrido
ese colorido gas que hace gritar
y te da todo ese calor con el vapor.

La situación es extraña y comprometida
y la hazaña de luchar contra la muerte
no se lo consigue si no te quejas
porque tendrás que vivir como siempre.

***

El resplandeciente silencio
me toma así tan desprovisto
de esa algarabía que detesto;
sí, he de estar en esa sintonía extraña
que al final no será mía.
Y el mínimo chillido lo deshacía todo
hasta la oportunidad de escuchar
lo que me invade y estorba.
¡Es un desparpajo estar a merced de sus caprichos!,
y con el enojo tengo que convivir
también con esas cargas de vicisitudes ajenas

que logran ahogarme en mis penas.
¡Ya que el rumor ardera bien lejos
con esa melodía que cantaría ella!

LLEVO TIEMPO SIN CONTARLO

Vaya esa forma de recibirme
es que lecho y techo
siempre están sin resistirme;
lo hecho no arrasará el pecho.

¡1, 2, 3...!
Números insignificantes que cuentan
los segundos más intrigantes
de la inocencia que va extinguiéndose;
y a lo lejos en ese desconcierto
no recibo eso que me refresca.

Tu senda era tan débil
su voz lo demostraba.
Es que..., siempre parecerá
estar dando lo extra cuando entra.
La vida discurre en cada segundo
y que no se pierda en discusiones
por eso me pongo a contar:
uno, dos, tres...

***

No me acompleja los defectos
de esa ignorancia amoral,
y al no encontrar una salida
uno puede cometer cosas

en la que se pierden unánime.

Acaso a este pobre y astuto
lo seguirán así por gusto.

¡Y la veía pasar y me desesperaba!
Tenía la influencia perfecta
y en su corazón parecía lo correcto
sin adivinar que mis intimidades
las revelaría a ciertas amistades.
Dejo constancia de lo que di
y no hay razón para lamentos
no hay dudas en lo que sentía.

LLORAR SIN FIN

Por avenencia deje ver mis ojos
como estúpido solo mira a lo lejos:
¡lo tonto e insolente!,
que viene así de repente
y siempre está como ausente.

Nadie puede entender mis sentimientos
no todos dicen lo que se hace bien
y existe suplicas por los lamentos
¡que siempre inundara a este pecho!

Me acomplejo con lo sucedido
es que no siempre mido
todo lo que he cometido.

Vaya forma de actuar sin aspereza
y mi pereza rebate a la tristeza
al sentir esa insolente bajeza.

***

Ella como mujer me enajenaba
cuando sostenía su mirada abyecta
y su único objetivo era no tener
ninguna cualidad positiva.

¿Qué hubiera hecho?
¡Acaso abstraerme del todo!
La quería y por ella sentía:
un amor verdadero.

Infundía temor su repercutir.
¡Es que no se la puede describir!,
aunque me pase la vida descifrando
lo que es la vida, una mujer y el fin.

¿Tenía que haber desaparecido?
¡Yo, no pude suprimir mi vida!
Pero si ahora tengo hacerlo
deberé cumplir ese cometido

***

Justo al grado que ella suspire
¡con todo el alma!, solo aspiraba
ese dulce sentimiento noble
que tanto ella me inspiraba.

Al llevarle consigo en la mente
todo lo preocupante se despeja;
pues las raspaduras de los sauces
¡no habrían nadie quien las pauses!

Y de poeta maldito con actitud fragante
no hay ninguno que salga adelante.

En la penumbra se encuentra el fin
y al tener conmigo los serafines
me obligan a ser desesperante.

***

La ironía que expulsé por ignorante
no la podrás entender al ser mi atacante,
y al ser vacilante con una noble actitud
sigo vociferando a la nueva juventud
que vaya siempre en la rectitud.

Me conoces bien
te puedo complacer
también confesar:
que palabras lanzadas
al parecer vienen del azar.

Y me veras como inocente
pero todo está corrompido
por la sola acción de tus suspiros
me tendrán enloqueciendo.

***

Último renglón de esta hoja
donde mi ambivalente alma llora
y escribo con una letra roja
que la costumbre implora.

Pueden sentir que toco esas horas
al llegar a tu lado para oírle
y se desploma por todo lo creído
cuando mi presencia la siente.

Puede parecer muy cruel
esta sentencia mía que es infiel
pues, me toca hasta lo profundo.

Ya que para todo el mundo
tú eres la más infeliz
que he podido conocer.

***

Este tonto placer de ver el amanecer
siempre me hará sentir vivo
y la encendida luz muestra lo vivido
para que cada día sea un nuevo ser.

Eso es lo que yo creo y vos a mí...
no vas imponerme costumbres raras
que mi alter ego ya suprimió
mucho antes de responder las bajas.

Lo justo es lo que hago
es mía y no importa los halagos,
porque puedo lacerar a las que amo.

Hay sentimientos puros que de mi fluyen
hasta en los alrededores de mi estancia
pero para corresponderte se diluyen.

***

Todos son personas con una formación
algunos reclaman mediación
que pueda restituir alguna esencia
y se desmarque así de por vida.

Su alegría la expresa a consciencia
su dolor la amalgama en temores
sus valores son lamentables y nada loables
pues, sinceramente no serán actuables.

Y se llena de muchos rencores
para provocar mal augurio en los corazones
que se denota después en sus canciones.

Es algo que tanto perjudica a los débiles
porque desde hace mucho tiempo
la crueldad los ponen indefensos...

***

La vi con una mágica ilusión pero...
padeció mucha violencia en mi estancia
la que le causó bastante tristeza
y no pudo con ese instinto jamás.
En su cuerpo despedía una delicadeza
que hizo que se viera un jolgorio natural
oh, fue una dulce sensación que atañía mi alma.
Y por prometerle muchos te quiero
caí en vacuidades sin un estilo sincero
ya que la perseguí con buenas actuaciones
esperando ser la luz que anhelaba
y que eternamente le alumbraría
para que reciba sus santificaciones.

***

Minerales, tienen un valor,
destrozar el mundo con su ignición;
ellos atraviesan la atmosfera ¡provocando!...

Aerolitos, que tornan el día en noche.

Con ese poder indestructible
desaparecería todas las almas
y las cenizas vuelan sobre la nada
siendo terribles consecuencias
para los vivos al perder su ser querido.

No podemos ver lo que hacemos
y lo logrado será para esa satisfacción
de verlos con sus profundas escaras
siendo una inconveniencia ser feliz.

En mi cara no veré el provecho
les anuncio con tanta insistencia
de no oír nunca los embistes
¡aunque me traten de imbécil!

***

Esas fatales insatisfacciones
las expresé con tanta mesura,
pues con lo que he deshecho
se sufre a gran distancia,
y le noté emergerle el celo
al ir muy lento en acecho
donde parecerá una burbuja
queja iniciará la tortura
y lo que uno conjuga se llora,
por ese título que dice:
«Salir intensamente de la luna».
Y por ser una situación atosigante
creo que aparecerán las personas locas...

***

Blanco u oscuro, ¡elija usted!,
pero siempre resaltará el azabache brillante
como emblema en la hoja del llantén.
No miran que el dolor me arrastró.
¡Pito!, y no soy juez del destierro
saco todo a la luz y me pierdo;
ya que, parece no haberla amado.
¡Por qué no la tengo! Sufro por besarle.
Tonto, nada tiene sentido si la perdí.
No vio que le demostraré mucho amor
tanto que no desaparece de mi mente
pues comprendí que soy:
el que toma el pasto procesado
que estará prendiéndose en mí
pues, me hacen tentar, como antes,
con la maldita sensación del destierro.

Fernando Zuñiga Fajardo na-
cido en Samborondón, Ecuador,
1992. Desde temprana edad estaba
acompañado siempre de su imagina-
ción, y no fue hasta que termina la
segundaria cuando muestra parte de
ella, con la guía de maestros, y esas
emociones fuertes de la juventud, quedando así plasmado
ya todo ese sentir allá en el 2008 con su obra primigenia:
"Una Batalla, Rival: «Yo»" Que como dato valedero fue
escribiéndose a mano en un cuaderno viejo, sumándose así
papeles sucios en la que no perdía en anotar esa lírica re-
belde.
Actualmente participa en las redes sociales dando a cono-
cer su obra, que es prácticamente mucha poesía, de la cual
recibe su agrado. De la que ha logrado así reunir y consti-
tuir un libro en versión digital y papel de forma indepen-
diente: *"Selección de poesía Digitales libros Colección
FzF"*
Parte del material se puede encontrar en páginas oficiales
del autor en internet o grupos de poesía importante en las
redes sociales:

http://zunigafajardo.blogspot.com
https://www.facebook.com/Monstruomusical/
https://www.facebook.com/groups/coneldondelverbo/

Publicaciones de forma independiente:

Poesía: *Una Batalla, Rival: «Yo»* (**2018**); *Selección de poesía
Digitales Libros Colección FzF* (**2017**), (**2018**), (**2019**); *Natural
Concreción a la Conciencia* (**2018**)
En Relatos: *Taco en la Nariz* (**2018**)
Ensayos: *Ensayos Recopilación Personal y Explorativa* (**2022**)

Una Batalla, Rival: «Yo»   Fernando Zuñiga Fajardo

Made in the USA
Columbia, SC
18 October 2024